¡BÉISBOL!

PIONEROS Y LEYENDAS DEL BÉISBOL LATINO

por Jonah Winter

prólogo de Bruce Markusen Rodríguez

traducido por Enrique Del Risco

Lee & Low Books Inc.
New York

Para Sally — J.W.

The publisher would like to thank Milton H. Jamail, baseball consultant and author
of *Full Count: Inside Cuban Baseball,* for his help with the preparation of this book.

Printed in Hong Kong by South China Printing Co. (1988) Ltd.

Book design by Tania Garcia
Book production by The Kids at Our House

The text is set in Bembo
The illustrations are rendered in acrylic

10 9 8 7 6 5 4 3 2 1
First Edition

Library of Congress Cataloging-in-Publication Data
Winter, Jonah.
    Béisbol : pioneros y leyendas del béisbol latino / por Jonah Winter ; prólogo de Bruce
Markusen Rodríguez ; traducido por Enrique Del Risco.
        p.   cm.
    Translated from English.
    Summary: Presents profiles of fourteen Latino baseball players who, from 1900 through
the 1960s, were pioneers of the sport in their home countries and the United States.
    ISBN 1-58430-035-3
    1. Baseball players—Latin America—Biography—Juvenile literature. 2. Baseball players—
United States—Biography—Juvenile literature. [1. Baseball players. 2. Latin Americans—
Biography. 3. Hispanic Americans—Biography.]
GV865.A1 W555 2002
796.357'092—dc21
[B]   2001038857

Me aficioné al béisbol por mi padre que me traía libros de béisbol y me llevaba a los juegos del Yankee Stadium. Me aficioné al béisbol latino por otras razones, principalmente debido a mi herencia materna. Mi madre era puertorriqueña e hizo de mí un latinoamericano orgulloso de sus raíces.

No es sorprendente que Roberto Clemente, el gran jugador puertorriqueño, fuera uno de mis héroes. Por desgracia, murió en un accidente de aviación en 1972, cuando yo sólo tenía siete años de edad. Empecé a leer libros sobre Clemente y supe que él, como la mayoría de los jugadores latinos que lo antecedieron, había tenido que vencer numerosos obstáculos. Muchos jugadores latinoamericanos no hablaban bien inglés y se les consideraba poco inteligentes porque no podían expresarse con claridad. Los jugadores latinos que eran de piel oscura se enfrentaban con problemas adicionales. Al igual que los jugadores afroamericanos, muchas veces les daban sobrenombres racistas y los trataban como ciudadanos de segunda clase. Por esta razón, algunos de los más grandes jugadores latinos nunca jugaron en las ligas mayores; jugaban en las Ligas Negras de Estados Unidos o en las ligas de invierno de América Latina.

Ahora que el béisbol entra en un nuevo siglo, los jugadores latinoamericanos dominan el juego como nunca antes. Sin embargo, los logros de las estrellas latinas de hoy no habrían sido posibles sin las proezas de los 14 precursores latinos reseñados en este libro. Todos ellos desarrollaron parte de sus carreras entre 1900 y 1960. Ellos han hecho que el béisbol, que ahora integra totalmente a los jugadores latinos y afroamericanos, sea un juego mejor.

Bruce Markusen Rodríguez

José Méndez

AÑOS JUGADOS: 1908–1927

PRINCIPALES EQUIPOS: ESTADOS UNIDOS: Cuban Stars, Kansas City Monarchs CUBA: Almendares

POSICIONES: Lanzador, campo corto, segunda base, tercera base, jardinero, manager

ESTATURA: 5'8"

PESO: 155 libras

NACIÓ: 19 de marzo de 1887, Cárdenas, Matanzas, Cuba

MURIÓ: 31 de octubre de 1928, La Habana, Cuba

José de la Caridad Méndez fue la primera leyenda latina del béisbol. En Cuba, su patria, lo llamaban Diamante Negro.

A pesar de haber sido excluido de las ligas mayores a causa de su piel oscura, Diamante Negro brilló en el béisbol cubano y en las Ligas Negras de Estados Unidos. Durante el primer cuarto del siglo XX, no hubo un lanzador mejor que él. Ésa era la opinión de muchos, incluso del gran manager de ligas mayores John McGraw. Aunque McGraw no contrató a Méndez como lanzador de su equipo de jugadores blancos, lo contrató en secreto para que entrenara a sus lanzadores. Así eran las cosas para los jugadores de piel oscura a principios del siglo XX.

¿Por qué Méndez era tan famoso? Aunque era de baja estatura para ser lanzador, tenía brazos y hombros muy fuertes. Aparentemente, esa fortaleza la consiguió cortando caña de azúcar en Cuba cuando era joven. Comoquiera que la haya obtenido, esa fuerza le permitió a Méndez lanzar pelotas endemoniadamente rápidas. Sus largos dedos le permitían darle más giro a sus lanzamientos. Y sus suaves movimientos al lanzar en contraste con la velocidad con que lanzaba la pelota, le permitían tomar a los bateadores totalmente desprevenidos.

A esto hay que añadir su increíble promedio de victorias de .747 obtenido a lo largo de toda su carrera en Cuba. Y era en Cuba donde Diamante Negro acostumbraba derrotar a los mejores lanzadores de las ligas mayores en los juegos de exhibición que allí se celebraban. A veces, cuando Méndez entraba a los restaurantes en Cuba, la gente se levantaba y aplaudía.

José Méndez

★ ★ Dolf Luque ★ ★

AÑOS JUGADOS: 1912–1946

PRINCIPALES EQUIPOS: ESTADOS UNIDOS: Rojos
de Cincinnati, Gigantes de Nueva York
CUBA: Almendares

POSICIÓN: Lanzador

ESTATURA: 5'7"

PESO: 160 libras

NACIÓ: 4 de agosto de 1890, La Habana, Cuba

MURIÓ: 3 de julio de 1957, La Habana, Cuba

Adolfo "Dolf" Luque fue la primera superestrella latinoamericana en las ligas mayores. Como José Méndez, fue un gran lanzador cubano. Como su piel era más clara pudo disfrutar una carrera de 20 años en las ligas mayores de Estados Unidos. "El Orgullo de La Habana", como se conocía a Luque en Cuba, sabía que el racismo era injusto. En una ocasión, después de participar en un desfile cubano celebrado en su honor, Luque vio a Méndez sentado en un banco. Se le aproximó y le dijo: "Este desfile debería ser para ti. Tú eres mejor lanzador".

No obstante, Luque fue un excelente jugador. Su promedio de carreras limpias de por vida fue de 3.24, mejor que el de muchos lanzadores que hoy pertenecen al Salón de la Fama de Estados Unidos. En toda su carrera en las ligas mayores, Luque ganó 194 juegos. Fue el primer latinoamericano que lanzó en una Serie Mundial, ganando los dos juegos que lanzó. En 1923, Luque encabezó la Liga Nacional con una asombrosa marca de 27 juegos ganados, un promedio de victorias de .773 y un promedio de carreras limpias de 1.93. Pero eso no es todo. En el béisbol de invierno en Cuba alcanzó una marca de 106 victorias y 59 derrotas.

Los periodistas norteamericanos decían que Luque tenía mal genio porque una vez se enojó y golpeó accidentalmente al famoso Casey Stengel con un bate. Tal vez ésa sea la razón por la que Adolfo Luque no ha sido elegido aún al Salón de la Fama de Estados Unidos. No puede haber otro motivo.

Dolf Luque

Cristóbal Torriente

AÑOS JUGADOS: 1913–1928

PRINCIPALES EQUIPOS: ESTADOS UNIDOS: Cuban Stars, Chicago American Giants CUBA: Almendares

POSICIÓN: Jardín central

ESTATURA: 5'9"

PESO: 190 libras

NACIÓ: 1895, Cuba

MURIÓ: 1938, Ciudad de Nueva York, Estados Unidos

A Cristóbal Torriente se le conocía como el "Babe Ruth cubano". Incluso cuando Babe Ruth jugó contra el equipo de Torriente en Cuba, Torriente bateó más hits y jonrones que el poderoso Ruth. Ruth consiguió un promedio de bateo de .348 y dos jonrones. ¡Pero Torriente bateó .378 y consiguió tres cuadrangulares!

El promedio de bateo de Torriente durante su carrera contra lanzadores de grandes ligas en juegos de exhibición fue de .311. En Cuba todavía conserva el tercer mayor promedio de bateo de todos los tiempos: .351. Torriente conseguía sus hits de todas las formas que podía, y con frecuencia hacía contacto con los peores lanzamientos que le hacían. Muchas veces el corpulento bateador sacaba la pelota fuera del parque. Sólo esto bastaría para garantizarle su condición de leyenda, pero además Torriente corría a la velocidad de un relámpago. Y no sólo eso, los viejos aficionados todavía lo clasifican como uno de los dos o tres mejores jardineros en la historia de las Ligas Negras. Su promedio de bateo de por vida en las Ligas Negras fue de .327. Un manager de las Ligas Negras dijo una vez de Torriente: "Ahí va un equipo de pelota".

Cristóbal Torriente fue un poderoso competidor que también amaba la fama. Muchas veces usaba pulseras en las muñecas y un pañuelo rojo alrededor del cuello. Cuando estaba a punto de batear un jonrón, Torriente hacía sonar las pulseras.

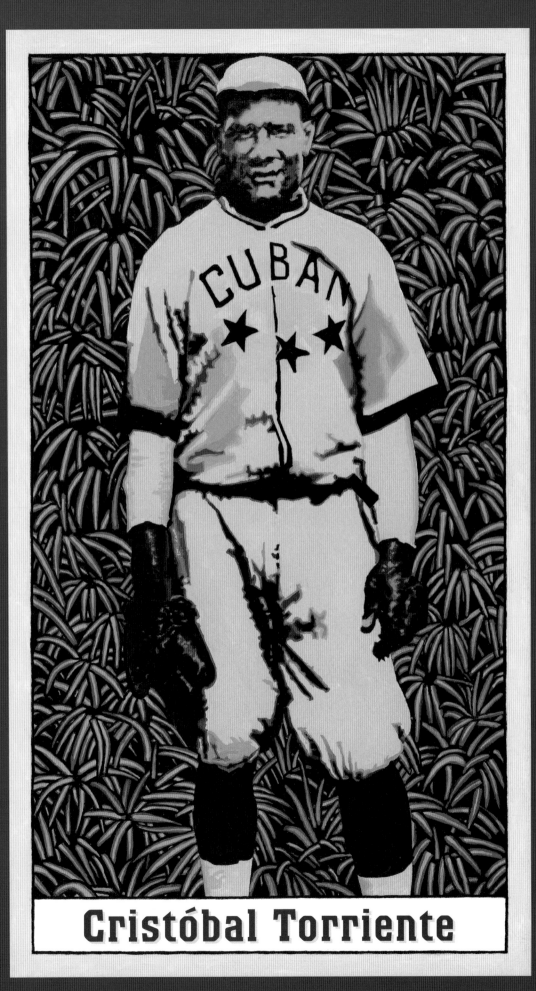

Cristóbal Torriente

★ ★ Martín Dihigo ★ ★

AÑOS JUGADOS: 1923–1947

PRINCIPALES EQUIPOS: ESTADOS UNIDOS: Cubans Stars,
New York Cubans CUBA: Habana MÉXICO: Veracruz,
Torreón VENEZUELA: Concordia

POSICIONES: Lanzador, receptor, primera base, segunda
base, tercera base, campo corto, jardinero, manager

ESTATURA: 6'3"

PESO: 190 libras

NACIÓ: 25 de mayo de 1905, Matanzas, Cuba

MURIÓ: 20 de mayo de 1971, Cienfuegos, Cuba

Imaginen un jugador que pudiera jugar cada una de las
posiciones en un equipo y que lo hiciera con frecuencia en
un mismo juego. No se lo tienen que imaginar. Tal jugador
existió y era de Cuba. Se llamaba Martín Dihigo.

Como jardinero central ganó fama como uno de los mejores
jardineros de todos los tiempos. Como segunda base, es
considerado el mejor en la historia de las Ligas Negras. Sin
embargo, fue como lanzador que Dihigo ganó fama en
América Latina. Durante un año que estuvo lanzando en
México alcanzó un promedio de carreras limpias permitidas
de .15. ¡Casi perfecto!

Dihigo también sabía batear. En las Ligas Negras muchas
veces ganó la corona de jonrones. Una vez, un jonrón de
Dihigo salió fuera de un estadio en Pittsburgh y aterrizó en el
techo de un hospital cercano. En otra ocasión la pelota salió del
estadio y se vio por última vez volando por encima de la veleta
de una casa.

En su Cuba natal, la gente llamaba a Martín Dihigo "El
Inmortal". En otros países latinoamericanos donde jugó lo
llamaban "El Maestro". Es el único jugador que ha sido elegido
para el Salón de la Fama en cuatro países: Cuba, México,
Venezuela y Estados Unidos. Algunas personas incluso dicen que
es el mejor jugador de béisbol de todos los tiempos.

Martín Dihigo

★ Luis Tiant (padre)

AÑOS JUGADOS: 1926–1947

PRINCIPALES EQUIPOS: ESTADOS UNIDOS: Cubans Stars, New York Cubans CUBA: Almendares, Cienfuegos
REPÚBLICA DOMINICANA: Águilas Cibaeñas
MÉXICO: Veracruz, Monterrey

POSICIÓN: Lanzador

ESTATURA: 5'11"

PESO: 175 libras

NACIÓ: 27 de agosto de 1906, La Habana, Cuba

MURIÓ: 12 de diciembre de 1977

Luis Eleuterio Tiant (padre) probablemente ha sido el más divertido de los lanzadores cubanos. "Sir Skinny", como se le conocía, fue un zurdo que lanzaba tirabuzones (screwballs) y que no tenía miedo de ensalivar la bola. Un tirabuzón es un extraño lanzamiento en curva que hace que el brazo del lanzador realice una serie de movimientos dolorosos en apariencia. Ensalivar una bola no requiere explicación. Con estos y otros extraños lanzamientos, muchas veces Tiant encabezó la liga cubana en el departamento de lechadas. En la serie de invierno de 1936–1937 consiguió lanzar 12 juegos sin permitir carreras lo que es todavía un récord cubano.

La marca distintiva de Tiant era su famoso viraje a primera base. El movimiento que ejecutaba para impulsar el lanzamiento confundía totalmente a los bateadores y a los robadores de bases. Los corredores que estaban en primera base a menudo pensaban que Tiant estaba iniciando su lanzamiento y que, por lo tanto, podían alejarse de la base. De pronto, ¡ZAS!, la pelota iba a primera base y los sacaban de circulación. En el más legendario de sus virajes a primera, el bateador pensó que Tiant le había hecho un lanzamiento e intentó golpear una bola inexistente. Entonces el árbitro le dijo al bateador: "Si fuiste tan tonto como para tratar de darle a la pelota ¡es un strike!".

Luis Tiant (hijo), llegó a convertirse en una superestrella de las grandes ligas lanzando para los Medias Rojas de Boston.

Luis Tiant (padre)

★ ★ Pancho Coímbre ★ ★

AÑOS JUGADOS: 1926–1946

PRINCIPALES EQUIPOS: ESTADOS UNIDOS: New York
Cubans PUERTO RICO: Ponce CUBA: Liga Cubana
MÉXICO: Puebla

POSICIÓN: Jardinero

ESTATURA: 5'11"

PESO: 180 libras

NACIÓ: 29 de enero de 1909, Coamo, Puerto Rico

MURIÓ: 4 de noviembre de 1989, Ponce, Puerto Rico

Antes de que existiese el mundialmente famoso jugador de grandes ligas Roberto Clemente, existió Francisco "Pancho" Coímbre. Él fue unos de los primeros héroes del béisbol de Puerto Rico y algunos dicen que el mejor. Clemente, el primer latinoamericano en el Salón de la Fama de Estados Unidos dijo que Coímbre era mejor jugador. Coímbre, como muchos pioneros del béisbol latinoamericano fue excluido de las ligas mayores a causa del color de su piel. Pero jugó con increíble éxito en las Ligas Negras y en la Liga Puertorriqueña.

Aunque Coímbre era bueno en todo—atrapar y lanzar pelotas, robar bases—su especialidad era batear. Su promedio de bateo de por vida de .337, es el segundo mejor en la historia del béisbol puertorriqueño. Era casi imposible ponchar a Coímbre. En una ocasión estuvo dos años consecutivos sin poncharse. ¡Y en sus 1915 veces al bate Coímbre sólo se ponchó 29 veces! He aquí los promedios de bateo que alcanzó en Puerto Rico en algunas temporadas consecutivas durante los años 30 y 40: .401, .372, .376, .425, .333, .338, .323, .336. En cuatro de sus cinco temporadas en las Ligas Negras Coímbre alcanzó promedios de bateo dignos del Salón de la Fama: .330, .353, .436 y .351.

Pancho Coímbre está en el Salón de la Fama de Puerto Rico. Allí se le considera un héroe.

Pancho Coímbre

Tetelo Vargas

AÑOS JUGADOS: 1927–1956

EQUIPOS: ESTADOS UNIDOS: New York Cubans
REPÚBLICA DOMINICANA: Escogido, Estrellas Orientales
PUERTO RICO: Caguas, Guayama, Santurce

POSICIÓN: Jardín central

ESTATURA: 5'10"

PESO: 160 libras

NACIÓ: 11 de abril de 1906, Santo Domingo,
República Dominicana

MURIÓ: 1971, Guayama, Puerto Rico

Juan Estéban "Tetelo" Vargas fue la primera leyenda dominicana del béisbol. Él no se hubiera podido imaginar que su patria se convertiría en una fábrica de jugadores de ligas mayores. En la actualidad, la mitad de los jugadores latinoamericanos de las grandes ligas proceden de la República Dominicana, un pequeño país situado en una isla del mar Caribe. Y muchos de los jugadores dominicanos vienen de un mismo pueblo, San Pedro de Macorís. Su especialidad: el campo corto.

Desde 1927 hasta principios de los años 50, Tetelo Vargas fue uno de los mejores bateadores en las ligas invernales del Caribe. En 1943, 1946 y 1947, bateó .410, .382 y .362 en la Liga Puertorriqueña. Dos veces lideró la liga en bateo y robo de bases. Vargas era *muy* rápido. Un antiguo jugador dijo una vez que Vargas corría tan rápido que parecía que había robado algo más que una base. En las Ligas Negras, Vargas fue elegido dos veces para el Juego de las Estrellas mientras jugaba con los New York Cubans. En una ocasión bateó siete jonrones seguidos en siete veces al bate. ¡Y en juegos de exhibición contra los Yankees de Nueva York bateó .500!

Incluso con 46 años, Vargas encabezó la liga dominicana de invierno con .350 de promedio de bateo. Tetelo Vargas está en el Salón de la Fama de Puerto Rico.

Tetelo Vargas

Perucho Cepeda

AÑOS JUGADOS: Décadas de 1930 y 1940

EQUIPO: PUERTO RICO: Guayama

POSICIÓN: Campo corto, primera base

ESTATURA: 5'11"

PESO: 200 libras

NACIÓ: 1906, San Juan, Puerto Rico

MURIÓ: 1955, Puerto Rico

Pedro Aníbal "Perucho" (El Toro) Cepeda fue la leyenda más grande del béisbol puertorriqueño que nunca jugó en Estados Unidos. Al igual que Pancho Coímbre su piel era demasiado oscura como para que se le permitiera jugar en las ligas mayores. Pero a diferencia de Coímbre, Cepeda no jugó en las Ligas Negras. Nunca quiso sufrir el racismo del que eran objeto los jugadores negros en Estados Unidos.

Por tanto, Cepeda permaneció en Puerto Rico donde se convirtió en el primer campeón de bateo de la Liga Puertorriqueña. Eso fue en la temporada de invierno de 1938 a 1939 en la que Cepeda bateó un promedio de .365. Durante los tres años siguientes bateó .383, .423, y un increíble promedio de .464, que es todavía el promedio de bateo más alto conseguido en una sola temporada en toda la historia del béisbol puertorriqueño.

A Cepeda lo llamaban "El Toro" a causa de su fuerte constitución física y su temperamento impulsivo. Bateaba fuerte y lejos como su hijo, Orlando Cepeda, miembro del Salón de la Fama de Estados Unidos, conocido como "El Torito". Algunos aficionados dicen que el padre era mejor. Nunca estaremos seguros. Pero de lo que sí podemos estar seguros es de que Perucho Cepeda fue un gran jonronero que está en el Salón de la Fama de Puerto Rico.

Perucho Cepeda

Bobby Ávila

AÑOS JUGADOS: 1941–1959

PRINCIPALES EQUIPOS: ESTADOS UNIDOS: Indios
de Cleveland MÉXICO: Puebla

POSICIÓN: Jugador de cuadro

ESTATURA: 5'10"

PESO: 175 libras

NACIÓ: 2 de abril de 1924, Veracruz, México

Roberto "Bobby" Francisco Ávila González empezó a jugar béisbol en México en 1941, cuando sólo tenía 17 años. De la noche a la mañana se convirtió en una estrella y si hubiera tenido la piel más clara habría podido entrar enseguida a las ligas mayores de Estados Unidos.

En 1949, dos años después de que Jackie Robinson rompiera la "barrera del color" en las ligas mayores, Ávila dio el salto, incorporándose a los Indios de Cleveland. Fue el primer jugador mexicano en las ligas mayores. En su primera temporada completa con los Indios, Ávila bateó .301. En su segunda temporada completa, 1952, encabezó la Liga Americana con 11 triples. Tres veces bateó más de .300 de promedio y tres veces participó en el Juego de las Estrellas. En 1954, se convirtió en el primer latino campeón de bateo al batear .341, con lo que derrotó al inmortal Ted Williams en la lucha por la corona de bateo. ¡Y eso lo hizo con un pulgar partido! Ese año Ávila fue elegido Jugador del Año por la revista *The Sporting News*.

En ocasiones, cuando Ávila se deslizaba en una base, sin querer sacaba la pelota del guante del jugador golpeándola con el pie. Eso muchas veces molestaba a sus contrincantes. Fuera de eso, Ávila era un perfecto caballero. Cuando se retiró en 1959 regresó a Veracruz, su pueblo natal, y fue elegido alcalde.

Roberto Ávila abrió las puertas de las grandes ligas a los jugadores mexicanos.

Bobby Ávila

Minnie Miñoso

AÑOS JUGADOS: 1945–1973, 1976, 1980

PRINCIPALES EQUIPOS: ESTADOS UNIDOS: Medias
Blancas de Chicago CUBA: Marianao MÉXICO: Jalisco,
Torreón

POSICIONES: Tercera base, jardinero

ESTATURA: 5'10"

PESO: 175 libras

NACIÓ: 29 de noviembre de 1922, La Habana, Cuba

Era el 1ro. de mayo de 1951. El primer jugador latinoamericano
que usó el uniforme de los Medias Blancas de Chicago se paró
en la caja de bateo del Comiskey Park de Chicago. Parecía como
si todo Chicago tuviera la vista puesta en él para ver si fracasaba o
tenía éxito. Vino el primer lanzamiento, ¡PRAC!, le dio a la
pelota y ésta voló hacia el jardín central y pasó por encima de la
cerca. ¡JONRÓN! ¡En su primera vez al bate en Chicago!

Ése era Saturnino Orestes Arrieta Miñoso Armas.

"Minnie", como pronto lo llamaron, trajo a los aficionados de
las ligas mayores un estilo cubano de jugar al béisbol nuevo para
ellos. Parecía que siempre estuviera corriendo, robando bases y
haciendo el juego más interesante. Tenía estilo, gracia y una
velocidad deslumbrante. Encabezó tres veces la liga en triples,
bateó sobre .300 en ocho ocasiones y en tres ocasiones consiguió
el campeonato de bases robadas de la liga. Cada vez que Miñoso
entraba en circulación los aficionados de Chicago gritaban
"¡Vamos, Minnie, vamos!" *(Go, Minnie, go!)*. Muy pronto los
Medias Blancas de los años 50 recibieron el sobrenombre de los
Medias Blancas Go-Go y Miñoso empezó a ser conocido como
"El Cometa Cubano".

Durante sus años con los Medias Blancas, Miñoso recibía algo
más que pelotas. Algunos fanáticos le gritaban insultos racistas.
Los lanzadores muchas veces lo golpeaban con la pelota. En lugar
de enfurecerse, Miñoso se reía y devolvía la pelota. No dejaba
que nada lo afectara.

Cuando Miñoso se retiró, mucha gente lo consideraba el
jugador más popular de los Medias Blancas de todos los tiempos.

Minnie Miñoso

★ ★ Roberto Clemente ★ ★

AÑOS JUGADOS: 1952–1972

EQUIPOS: ESTADOS UNIDOS: Piratas de Pittsburgh
    PUERTO RICO: Caguas, San Juan, Santurce

POSICIÓN: Jardinero

ESTATURA: 5'11"

PESO: 175 libras

NACIÓ: 18 de agosto de 1934, Carolina, Puerto Rico

MURIÓ: 31 de diciembre de 1972, San Juan, Puerto Rico

Roberto Clemente Walker, "El Orgullo de Puerto Rico", fue uno de los jugadores de béisbol más grandes y más completos. Pero la historia de Clemente es agridulce. Cuando estaba en la cima de su carrera, murió en un accidente de aviación, tratando de ayudar a las víctimas de un terremoto en Nicaragua. Mucha gente conocía a Clemente, y la mayoría se sintió conmocionada y triste por su súbita muerte.

Sucedió que Clemente murió justo después de alcanzar un punto en su carrera que muy pocos jugadores han alcanzado: 3000 hits. Consiguió cada uno de esos hits con los Piratas de Pittsburgh. Ganó 12 Guantes de Oro, apareció en 14 Juegos de las Estrellas y alcanzó un promedio de bateo de .317 de por vida. Inmediatamente después de su muerte, Clemente fue elegido al Salón de la Fama de Estados Unidos y se convirtió así en el primer latinoamericano en entrar en él.

Los espectaculares deslizamientos y saltos que Clemente realizaba en el terreno eran algo hasta entonces nunca visto por la mayoría de los aficionados en Estados Unidos. El entusiasmo, el orgullo y la emoción de Clemente cuando jugaba eran a veces mal interpretados por los otros jugadores, los managers, los aficionados y la prensa. Los periodistas a menudo lo tildaban de ostentoso e impulsivo. Esto molestaba a Clemente y no temía denunciar el racismo del que era objeto.

No ha habido mejor modelo para los jóvenes jugadores latinoamericanos que Clemente. Él se abrió camino solo mientras mostraba al mundo lo deslumbrante que podía ser un pelotero latinoamericano.

Roberto Clemente

★ ★ Luis Aparicio ★ ★

AÑOS JUGADOS: 1953–1973

PRINCIPALES EQUIPOS: ESTADOS UNIDOS: Medias
Blancas de Chicago, Orioles de Baltimore
VENEZUELA: Guaira

POSICIÓN: Campo corto

ESTATURA: 5'8"

PESO: 162 libras

NACIÓ: 29 de abril de 1934, Maracaibo, Venezuela

Durante mucho tiempo la gente ha jugado béisbol en Venezuela. Algunos venezolanos blancos ya jugaban en las ligas mayores allá por 1939. Pero la primera superestrella venezolana no llegó a las ligas mayores hasta 1956. Cuando Luis Aparicio, hijo, empezó a jugar, los aficionados empezaron a revisar sus estadísticas y se preguntaron "¿Quién es este tipo?".

Desde su primera temporada con los Medias Blancas de Chicago en 1956, Aparicio demostró su asombrosa habilidad en el robo de bases. Ese año fue elegido Novato del Año. Desde entonces Aparicio se convirtió en el campeón indiscutible del robo de bases y encabezó la Liga Americana en ese departamento desde 1956 hasta 1964. ¡Nueve años consecutivos!

Increíblemente el robo de bases no fue el motivo principal de la fama de Aparicio. Él es uno de los grandes campo cortos de todos los tiempos, quizás el más grande. Todavía conserva muchas de las principales marcas de las ligas mayores para campo cortos, que incluyen:

★ más dobles jugadas

★ más partidos jugados

★ más asistencias

★ más hombres sacados "out" en la Liga Americana

Al ser blanco y hablar bien inglés, Aparicio no tropezó con el racismo del que fueron objeto otros jugadores latinoamericanos. Al ser un caballero y un jugador increíble, Aparicio tuvo una carrera fácil en las ligas mayores. Fue elegido al Juego de las Estrellas en ocho ocasiones y entró fácilmente en el Salón de la Fama de Estados Unidos.

Luis Aparicio

Juan Marichal

AÑOS JUGADOS: 1960–1975

PRINCIPALES EQUIPOS: ESTADOS UNIDOS: Gigantes de San Francisco REPÚBLICA DOMINICANA: Escogido

POSICIÓN: Lanzador

ESTATURA: 6'0"

PESO: 185 libras

NACIÓ: 20 de octubre de 1937, Laguna Verde, República Dominicana

El béisbol es un deporte pero, esto es muy importante, también es un entretenimiento. Algunos jugadores de béisbol son más entretenidos que otros. Mirarlos es más divertido. Uno de estos jugadores fue el lanzador dominicano Juan Antonio Marichal.

"El dandy dominicano", como lo llamaban los norteamericanos, era un mago del lanzamiento. Al lanzar, los movimientos de su brazo derecho hacían girar las cabezas de la gente y daban deseos de bailar. No era sólo que levantara la pierna izquierda bien alto cuando se preparaba para lanzar sino que después la estiraba al máximo. Ésa era su marca de distinción, una manera de decir "Trata de batear esta bola".

Marichal respaldaba su estilo con un maravilloso desempeño. Fue seleccionado nueve veces para el Juego de las Estrellas. Cuando se retiró, tenía el segundo promedio más bajo de carreras permitidas por juego en la historia de la Liga Nacional: 2.89, con 2303 ponches y una marca de 243 victorias y 142 derrotas. El porcentaje de victorias de Marichal era de .631, el sexto mejor en la historia de las ligas mayores entre lanzadores con 200 juegos ganados o más.

Juan Marichal fue el primer lanzador latinoamericano elegido al Salón de la Fama de Estados Unidos. En las ligas mayores, abrió las puertas a un nuevo y excitante estilo de lanzar. El béisbol en Estados Unidos no ha sido el mismo desde entonces.

Juan Marichal

Felipe Alou

AÑOS JUGADOS: 1958–1974, 1992–2001

PRINCIPALES EQUIPOS: ESTADOS UNIDOS: Gigantes de San Francisco, Bravos de Milwaukee y de Atlanta, Expos de Montreal REPÚBLICA DOMINICANA: Escogido

POSICIONES: Jardinero, manager

ESTATURA: 6'1"

PESO: 195 libras

NACIÓ: 12 de mayo de 1935, Haina, República Dominicana

Felipe Rojas Alou fue el primer dominicano en convertirse en jugador regular en las ligas mayores. Fue además el primer dominicano que logró ser manager de las ligas mayores y, en 1994, fue el primer latino en ser electo Manager del Año.

Cuando joven, Alou brilló con los Gigantes de San Francisco. Sus dos hermanos, Matty y Jesús también jugaron con los Gigantes. En un juego en 1963, los tres hermanos patrullaron juntos los jardines de los Gigantes. Los tres eran buenos jugadores, pero Felipe participó tres veces en el Juego de las Estrellas y dos veces fue líder en hits de la Liga Nacional. Tuvo tres temporadas en las que bateó más de .300 y obtuvo un respetable promedio de bateo de por vida de .287.

Desde el comienzo de su carrera en Estados Unidos, Alou fue el vocero de los jugadores latinoamericanos. Denunció las actitudes racistas hacia él y hacia otros jugadores latinos como Roberto Clemente y Juan Marichal. Luchó porque hubiese un representante latinoamericano en la oficina del Comisionado de Béisbol, alguien que hablara español y entendiera las diferentes culturas de América Latina. Pero obtuvo su mayor logro al convertirse en manager del equipo de grandes ligas los Expos de Montreal, en 1992 y guiarlos al liderazgo en 1994. Obtener éxito como manager de ligas mayores fue una de las últimas fronteras para los jugadores latinoamericanos y Felipe Alou fue un heroico pionero en este campo.

Felipe Alou

Una mirada a los jugadores

 José Méndez
- ★ Conocido como el mejor lanzador de su época
- ◆ Alcanzó un promedio de victorias de .747 en su carrera

 Dolf Luque
- ★ Primera estrella latinoamericana en las ligas mayores
- ◆ Ganó 27 juegos en un año, 1923

 Cristóbal Torriente
- ★ Conocido como el "Babe Ruth cubano"
- ◆ Tuvo un promedio de bateo de por vida de .351 en Cuba y de .327 en Estados Unidos

 Martín Dihigo
- ★ El beisbolista más versátil de todos los tiempos
- ◆ Elegido al Salón de la Fama del Béisbol en Cuba, México, Venezuela y Estados Unidos

 Luis Tiant, Sr.
- ★ Legendario lanzador de tirabuzones (screwball)
- ◆ Famoso por sus virajes a primera base

 Pancho Coímbre
- ★ Primera gran leyenda del béisbol puertorriqueño
- ◆ Alcanzó un promedio de bateo de por vida de .337

 Tetelo Vargas
- ★ Primera estrella dominicana del béisbol, famoso por su velocidad
- ◆ Bateó .500 en juegos de exhibición contra los Yankees de Nueva York

 Perucho Cepeda
- ★ La más grande figura del béisbol puertorriqueño que *nunca* jugó en EE.UU.
- ◆ Primer campeón de bateo de la Liga Puertorriqueña

 Bobby Ávila
- ★ Primera estrella mexicana en las ligas mayores
- ◆ Elegido en 1954 Jugador del Año por *The Sporting News*

 Minnie Miñoso
- ★ El jugador más popular de los Medias Blancas de Chicago en los años 50
- ◆ Conocido como "El Cometa Cubano" por su velocidad al recorrer las bases

 Roberto Clemente
- ★ El jugador más legendario del béisbol latinoamericano
- ◆ Jugó en 14 Juegos de las Estrellas; ganó 12 Guantes de Oro; obtuvo .317 de promedio de bateo de por vida

 Luis Aparicio
- ★ Primera estrella venezolana en las ligas mayores
- ◆ Tiene muchos récords de ligas mayores para torpederos

 Juan Marichal
- ★ Una de las primeras estrellas dominicanas en las ligas mayores
- ◆ 2.89 de promedio de carreras limpias permitidas de por vida

Felipe Alou
- ★ Jugó en tres Juegos de las Estrellas
- ◆ Primer latinoamericano elegido Manager del Año